Jack and the Beanstalk

Portuguese-English

Era uma vez um menino chamado João. Ele era pobre e estava com fome, mas o João tinha uma vaca.

Once upon a time there was a boy called Jack. He was poor and he was hungry but Jack had a cow.

João vendeu sua vaca por alguns feijões mágicos.
João plantou os feijões mágicos e eles se transformaram em um enorme pé de feijão.

Jack sold his cow for some magic beans.
Jack planted the magical beans and they grew into a massive beanstalk.

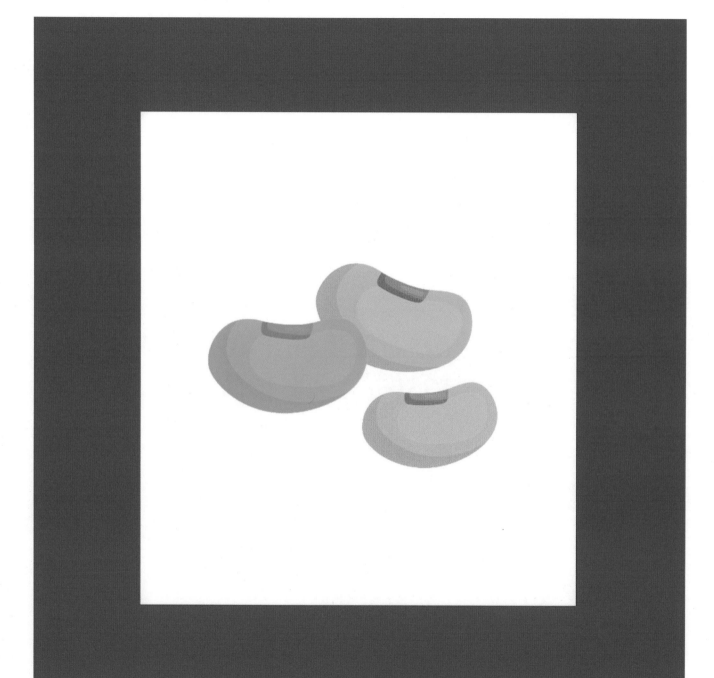

João subiu no pé de feijão. No topo do pé de feijão, ele encontrou uma galinha mágica que poderia botar ovos de ouro.

Jack climbed up the beanstalk. At the top of the beanstalk, he found a magical hen that could lay golden eggs.

João também encontrou um belo castelo no topo do pé de feijão. Dentro do castelo João encontrou uma harpa mágica. Esta harpa mágica poderia cantar e tocar música sem um músico!

Jack also found a beautiful castle at the top of the beanstalk. Inside the castle Jack found a magical harp. This magical harp could sing and play music without a musician!

Então João viu o gigante que morava no belo castelo.
O gigante estava muito zangado. João pegou a galinha mágica e a harpa mágica e desceu no pé de feijão.

Then Jack saw the giant who lived in the beautiful castle. The giant was very angry. Jack picked up the magical hen and the magical harp and climbed down the beanstalk.

João pegou um machado e cortou o pé de feijão para que o gigante não o seguisse.

Jack picked up an axe and chopped down the beanstalk so that the giant could not follow him.

João já não era pobre nem tinha fome.
João era rico.

*Jack was no longer poor or hungry. Jack
was rich.*

E todos eles viveram felizes para sempre.

And they all lived happily ever after.

Made in the USA
Monee, IL
06 March 2022

92320254R20017